Christiane Schöll

Bezaubernde Häkelgardinen

Christiane Schöll

Bezaubernde Häkelgardinen

rosenheimer

Inhalt

Grundkurs
6

Wunderbare Rauten
10

Blumen in allen Facetten
22

Romantisch Verspieltes
38

Die schönsten Tiermotive
43

Bezauberndes fürs Kinderzimmer
50

Es weihnachtet sehr …
59

Grundkurs

Nadeln, Garn und Maschenprobe

Alle Modelle aus diesem Buch sind aus Baumwollgarnen gehäkelt. Welche Nadel und welches Garn verwendet werden, ist bei jedem Modell angegeben. Wenn Sie ein anderes Garn verwenden möchten, können Sie auf der Banderole des Garnes nachlesen, welche Nadelstärke Sie dazu nehmen müssen.

Für die feine Filethäkelei, wie sie in diesem Buch vorgestellt wird, empfehlen sich Häkelnadeln der Stärke 1,5, 1,75, 2,0 und 2,5.

Bei jeder Gardine sind Maße angegeben, damit Sie einen ungefähren Anhaltspunkt haben. Die endgültige Größe Ihrer Häkelarbeit ist jedoch sehr variabel, selbst wenn Sie dasselbe Garn und dieselben Nadeln verwenden wie angegeben. Sie ist davon abhängig, wie fest oder locker Sie häkeln.

Beim Filethäkeln ist eher festes Häkeln zu empfehlen, damit die einzelnen Kästchen quadratisch ausfallen. Halten Sie die Schlinge auf der Nadel ziemlich kurz, indem Sie den von dem Knäuel kommenden Faden zwei- bis dreimal um den Zeigefinger wickeln. Wer sehr locker häkelt, sollte lieber eine dünnere Häkelnadel verwenden.

Am besten fertigen Sie vor Beginn eine Maschenprobe an, damit die fertige Gardine auch wirklich zu Ihrem Fenster passt. Häkeln Sie dazu einen Ausschnitt Ihres gewählten Musters, etwa 15 bis 20 Kästchen in der Breite und ebenso viele Reihen in der Höhe. Häkeln Sie gefüllte und leere Kästchen mit dem Garn und der Häkelnadel, die Sie später auch für das ganze Modell verwenden möchten. Messen Sie danach Ihre Maschenprobe aus – so können Sie die Größe Ihrer Gardine hochrechnen.

Der Häkelbeginn

Die Häkelarbeit beginnt immer mit einer Luftmaschenkette. Dafür bilden Sie eine Anfangsschlinge, durch die Sie mit der Häkelnadel entsprechend viele Schlingen (= Luftmaschen) ziehen. Wie viele Luftmaschen Sie anschlagen müssen, ist bei jedem Modell angegeben.

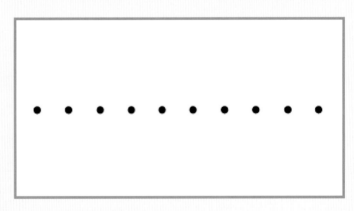

Grundkurs

Nun häkeln Sie in Reihen hin und her. Die erste Reihe wird auf die Luftmaschenkette gesetzt. Sie stechen für die Stäbchen der ersten Reihe also in die Luftmaschen ein. Nach jeder Reihe wird gewendet. Dafür werden drei Wende-Luftmaschen gehäkelt, um das erste Stäbchen der neuen Reihe zu ersetzen.

Die Filethäkelei

Alle Gardinen in diesem Buch sind in Filethäkelei ausgeführt. Diese einfache und dabei ungeheuer vielseitige Häkeltechnik basiert auf dem Prinzip der gefüllten und leeren Kästchen. Die gefüllten Kästchen bilden das Muster, die leeren Kästchen den Hintergrund.

Ein leeres Kästchen besteht aus einem Stäbchen und zwei Luftmaschen, ein gefülltes aus drei Stäbchen. Beim gefüllten Kästchen werden also statt der Luftmaschen zwei Stäbchen gehäkelt, die in die Maschen der Vorreihe eingestochen werden. Beim leeren Kästchen überspringen Sie mit den beiden Luftmaschen zwei Maschen der Vorreihe und stechen mit dem nächsten Stäbchen erst in die dritte Masche ein.

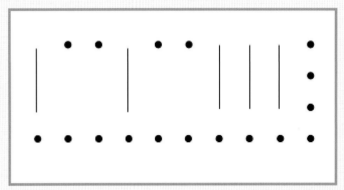

Die Zählmuster

Als Vorlage für die Filethäkelei dienen Zählmuster, bestehend aus einem Karomuster. Die schwarzen Karos stehen für die gefüllten Kästchen, die weißen für die leeren. Eine Kästchenreihe entspricht also einer Häkelreihe. Die Hinreihen sind von rechts nach links, die Rückreihen von links nach rechts zu lesen. Am besten legen Sie sich ein Lineal auf das Zählmuster, dann wissen Sie immer, welche Reihe sie gerade häkeln.

Grundkurs

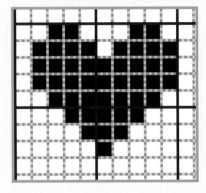

Im Beispiel oben häkeln Sie in der ersten Reihe also elf Kästchen (von rechts nach links), in der zweiten Reihe häkeln Sie fünf leere Kästchen, ein gefülltes Kästchen und wieder fünf leere Kästchen (von links nach rechts). In der dritten Reihe häkeln Sie wieder von rechts nach links vier leere Kästchen, drei gefüllte Kästchen und wieder vier leere Kästchen. Und so weiter, bis Reihe zehn mit elf leeren Kästchen.

Bei manchen Mustern wiederholen sich einzelne Motive, man bezeichnet das als Mustersatz. In unserem Beispiel wäre das Herz also ein Mustersatz. Man kann den Mustersatz beliebig oft wiederholen, um die Gardine breiter zu machen.

Aufhängen der Gardine

Sie können die Gardine an einer Stange oder mit Clips aufhängen. Wenn Sie eine Stange bevorzugen, sollten Sie an der Oberkante der Gardine einen Durchzug für eine Stange häkeln. Statt zwei leeren Kästchen (also zwei Luftmaschen, ein Stäbchen, zwei Luftmaschen) häkeln Sie dafür 5 Luftmaschen: Mit dem nächsten Stäbchen stechen Sie dann erst in die sechste Masche der Vorreihe ein. Pro Reihe entsteht so ein leeres Doppelstäbchen am oberen Rand der Gardine.

Zu- und Abnehmen beim Filethäkeln

Die Spitzen oder Zacken am unteren Rand von Häkelgardinen entstehen durch das Zu- oder Abnehmen von gefüllten Kästchen am Reihenanfang oder -ende.

Für das Zunehmen am Reihenanfang wird die entsprechende Anzahl von Luftmaschen angeschlagen und in der Rückreihe mit Stäbchen behäkelt.

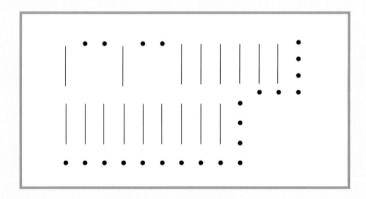

Grundkurs

Für das Zunehmen am Reihenende werden Doppelstäbchen gehäkelt. Die erste Einstichstelle ist die des letzten Stäbchens, für jedes weitere Doppelstäbchen wird in das erste Abmaschglied des letzten Doppelstäbchens eingestochen. Um ein gefülltes Kästchen zuzunehmen, müssen drei Doppelstäbchen gehäkelt werden.

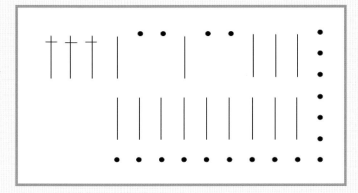

Zum Abnehmen am Reihenanfang werden Kettmaschen gehäkelt. Eine Wende-Luftmasche häkeln, dann in jede Luftmasche beziehungsweise jedes Stäbchen der Vorreihe eine Kettmasche häkeln, bis Sie zum Ausgangspunkt der nächsten Reihe gelangen.

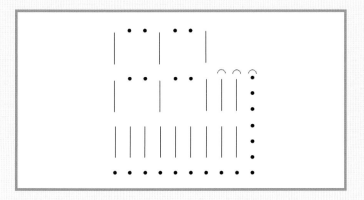

Beim Abnehmen am Reihenende bleiben die Kästchen einfach unbehäkelt stehen.

Das Spannen

Nach dem Abschluss der Häkelei und dem Vernähen der Fäden muss die Häkelgardine noch gespannt werden. Dafür legen Sie die Gardine auf eine weiche Unterlage (zum Beispiel eine Matratze oder einen Teppich) und stecken sie mit nicht rostenden Stecknadeln fest. Jeder Bogen und jede Zacke am Rand muss gut ausgespannt werden. Nun besprühen Sie die Häkelarbeit mit Wasser und eventuell mit Wäschestärke und lassen sie völlig trocknen, bevor Sie sie wieder abnehmen.

Die Gardinen haben oft einen Rand aus gefüllten Kästchen, damit sie leichter gespannt werden können und gut ihre Form behalten.

Zeichenerklärung:

- • Luftmasche
- | Stäbchen
- † Doppelstäbchen
- | feste Masche
- ⌒ Kettmasche

Wunderbare Rauten

Karos

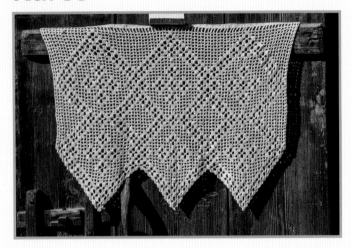

Größe
80 cm breit, 60 cm lang

Material
100–150 g weißes Häkelgarn (Coats Opera 5)
Häkelnadel 2,0–2,5

So wird's gemacht:
Die Gardine wird quer gehäkelt.
120 Luftmaschen anschlagen. 3 Wende-Luftmaschen häkeln, dann die erste Reihe mit 40 Kästchen häkeln.
Weiter nach Zählmuster arbeiten.
Die Sterne in den Rauten häkeln Sie nach der Häkelschrift unten.
Für die Zacken am unteren Rand Kästchen nach Zählmuster zu- und abnehmen.
Für den Stangendurchzug am oberen Rand der Gardine am Ende der ersten Reihe vor dem gefüllten Schlusskästchen anstatt der beiden leeren Kästchen ein leeres Doppelkästchen häkeln: Dafür 5 Luftmaschen häkeln. 5 Anschlag-Luftmaschen überspringen und das nächste Stäbchen in die sechste Masche häkeln.
Die fertige Gardine spannen, anfeuchten und trocknen lassen.
Das Muster kann beliebig oft wiederholt werden, um die gewünschte Fensterbreite zu erreichen. Die Breite der Gardine lässt sich jeweils durch die Anzahl der gehäkelten Mustersätze verändern. Ein Mustersatz ist ca. 26 cm breit.

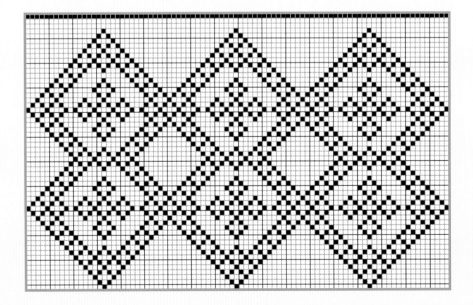

Wunderbare Rauten

Wunderbare Rauten

Wellen

Größe
93 cm breit, 39–49 cm lang

Material
200–250 g weißes Häkelgarn (Coats Opera 5)
Häkelnadel 2,0–2,5

So wird's gemacht:
Die Gardine wird quer gehäkelt.
114 Luftmaschen anschlagen. 3 Wende-Luftmaschen häkeln, dann die erste Reihe mit 38 Kästchen häkeln.
Weiter nach Zählmuster arbeiten.
Die Sterne in den Rauten häkeln Sie nach der Häkelschrift unten.
Für die Zacken am unteren Rand Kästchen nach Zählmuster zu- und abnehmen.
Für den Stangendurchzug am oberen Rand der Gardine am Ende der ersten Reihe vor dem gefüllten Schlusskästchen anstatt der beiden leeren Kästchen ein leeres Doppelkästchen häkeln: Dafür 5 Luftmaschen häkeln. 5 Anschlag-Luftmaschen überspringen und das nächste Stäbchen in die sechste Masche häkeln. Am Ende bzw. Anfang der Reihen ebenso mit leeren Doppelstäbchen fortfahren.
Die fertige Gardine spannen, anfeuchten und trocknen lassen.
Um die optimale Breite zu erzielen, kann das Muster beliebig oft wiederholt werden. Für eine breitere oder schmälere Gardine können mehr oder weniger Mustersätze gehäkelt werden. Ein Mustersatz ist ca. 31 cm breit.

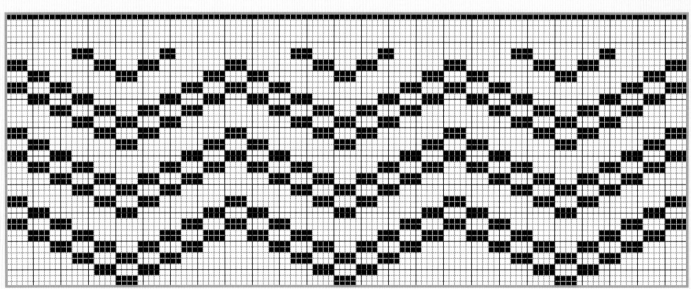

Wunderbare Rauten

Wunderbare Rauten

Einzelne Karos

Größe
110 cm breit, 30 cm lang

Material
100–150 g weißes Häkelgarn (Coats Opera 5)
Häkelnadel 2,0–2,5

So wird's gemacht:
Die Gardine wird quer gehäkelt.
63 Luftmaschen anschlagen. 3 Wende-Luftmaschen häkeln, dann die erste Reihe mit 21 Kästchen häkeln.

Weiter nach Zählmuster arbeiten.
Die Sterne in den Rauten werden nach der Häkelschrift unten gemacht.
Für die Zacken am unteren Rand Kästchen nach Zählmuster zu- und abnehmen.
Für den Stangendurchzug am oberen Rand der Gardine am Ende der ersten Reihe vor dem gefüllten Schlusskästchen anstatt der beiden leeren Kästchen ein leeres Doppelkästchen häkeln: Dafür 5 Luftmaschen häkeln. 5 Anschlag-Luftmaschen überspringen und das nächste Stäbchen in die sechste Masche häkeln.
Die fertige Gardine spannen, anfeuchten und trocknen lassen.
Es sind beliebig viele Wiederholungen des Musters möglich, um die gewünschte Fensterbreite zu erreichen. Je nachdem können mehr oder weniger Mustersätze gehäkelt werden. Ein Mustersatz ist ca. 27 cm breit.

Rosette 1

Rosette 2

Wunderbare Rauten

Wunderbare Rauten

Rautenkaros

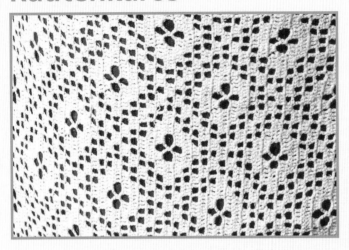

Größe
95 cm breit, 60 cm lang

Material
150–200 g weißes Häkelgarn (Coats Opera 5)
Häkelnadel 2,0–2,5

So wird's gemacht:
Die Gardine wird quer gehäkelt.
174 Luftmaschen anschlagen. 3 Wende-Luftmaschen häkeln, dann die erste Reihe mit 58 Kästchen häkeln.
Weiter nach Zählmuster arbeiten.
Die Sterne in den Rauten häkeln Sie nach der Häkelschrift unten.
Für die Zacken am unteren Rand Kästchen nach Zählmuster zu- und abnehmen.
Für den Stangendurchzug am oberen Rand der Gardine am Ende der ersten Reihe vor dem gefüllten Schlusskästchen statt den beiden leeren Kästchen ein leeres Doppelkästchen häkeln: Dafür 5 Luftmaschen häkeln. 5 Anschlag-Luftmaschen überspringen und das nächste Stäbchen in die sechste Masche häkeln.
Die fertige Gardine spannen, anfeuchten und trocknen lassen.
Das Muster kann beliebig oft wiederholt werden, um auf die richtige Fensterbreite zu kommen. Für eine breitere oder schmälere Gardine können mehr oder weniger Mustersätze gehäkelt werden. Ein Mustersatz ist ca. 12 cm breit.

Wunderbare Rauten

Zapfenrauten

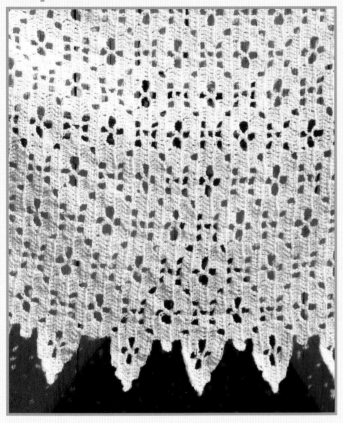

Größe
60 cm breit, 40 cm lang

Material
150–200 g weißes Häkelgarn (Coats Opera 5)
Häkelnadel 2,0–2,5

So wird's gemacht:
Die Gardine wird quer gehäkelt.
147 Luftmaschen anschlagen. 3 Wende-Luftmaschen, dann die erste Reihe mit 49 Kästchen häkeln.

Weiter nach Zählmuster arbeiten.
Für die Sterne in den Rauten ist der Häkelschrift zu folgen.
Für die Zacken am unteren Rand Kästchen nach Zählmuster zu- und abnehmen.
Für den Stangendurchzug am oberen Rand der Gardine am Ende der ersten Reihe vor dem gefüllten Schlusskästchen anstatt der beiden leeren Kästchen ein leeres Doppelkästchen häkeln: Dafür 5 Luftmaschen häkeln. 5 Anschlag-Luftmaschen überspringen und das nächste Stäbchen in die sechste Masche häkeln.
Die fertige Gardine spannen, anfeuchten und trocknen lassen.
Um die gewünschte Fensterbreite zu erreichen, kann das Muster beliebig oft wiederholt werden. Die Breite der Gardine lässt sich durch die Anzahl der Mustersätze verändern. Ein Mustersatz ist ca. 5 cm breit.

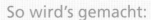

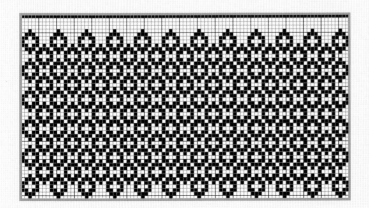

Wunderbare Rauten

Längliche Rauten

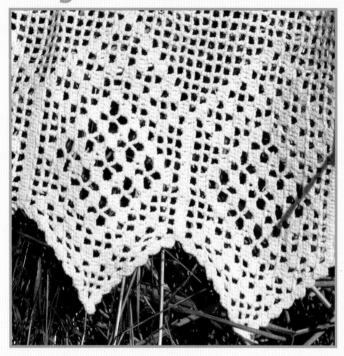

ren Kästchen ein leeres Doppelkästchen häkeln: Dafür 5 Luftmaschen häkeln. 5 Anschlag-Luftmaschen überspringen und das nächste Stäbchen in die sechste Masche häkeln.

Die fertige Gardine spannen, anfeuchten und trocknen lassen.

Das Muster kann beliebig oft wiederholt werden, um die gewünschte Fensterbreite zu erreichen. Für eine Variation der Gardinenbreite können mehr oder weniger Mustersätze gehäkelt werden. Ein Mustersatz ist ca. 22 cm breit.

Größe
90 cm breit, 50 cm lang

Material
200–250 g weißes Häkelgarn (Coats Opera 5)
Häkelnadel 2,0–2,5

So wird's gemacht:
Die Gardine wird quer gehäkelt.
246 Luftmaschen anschlagen. 3 Wende-Luftmaschen häkeln, dann die erste Reihe mit 82 Kästchen häkeln.

Weiter nach Zählmuster arbeiten.
Die Sterne in den Rauten werden genau nach der Häkelschrift unten gefertigt.
Für die Zacken am unteren Rand Kästchen nach Zählmuster zu- und abnehmen.
Für den Stangendurchzug am oberen Rand der Gardine am Ende der ersten Reihe vor dem gefüllten Schlusskästchen anstatt der beiden lee-

Wunderbare Rauten

Wunderbare Rauten

Blumenrauten

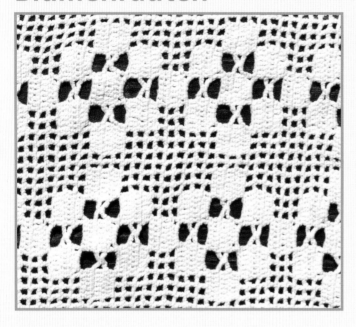

Größe
Bordüre: 80 cm breit, 25 cm lang
Gardine: 80 cm breit, 50 cm lang

Material
200–250 g weißes Häkelgarn (Coats Opera 5)
Häkelnadel 2,0–2,5

So wird's gemacht:
Die Gardine wird quer gehäkelt.
Für die Bordüre 60 Luftmaschen anschlagen.
3 Wende-Luftmaschen häkeln, dann die erste Reihe mit 20 Kästchen häkeln.

Für die Gardine 123 Luftmaschen anschlagen.
3 Wende-Luftmaschen häkeln, dann die erste Reihe mit 41 Kästchen häkeln.

Weiter nach Zählmuster arbeiten.
Die Sterne in den Rauten häkeln Sie nach der Häkelschrift unten.
Für die Zacken am unteren Rand Kästchen nach Zählmuster zu- und abnehmen.
Für den Stangendurchzug am oberen Rand der Bordüre und der Gardine am Ende der ersten Reihe vor dem gefüllten Schlusskästchen anstatt der beiden leeren Kästchen ein leeres Doppelkästchen häkeln: Dafür 5 Luftmaschen häkeln. 5 Anschlag-Luftmaschen überspringen und das nächste Stäbchen in die sechste Masche häkeln.
Die fertige Bordüre und Gardine spannen, anfeuchten und trocknen lassen.
Das Muster lässt sich beliebig oft wiederholen, damit die gewünschte Fensterbreite erreicht wird. Je nach Belieben mehr oder weniger Mustersätze häkeln, um eine breitere oder schmälere Gardine zu erhalten. Ein Mustersatz ist ca. 20 cm breit.

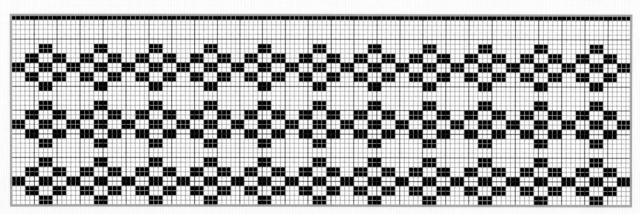

Wunderbare Rauten

Blumen in allen Facetten

Rosen und Blätter

Größe
67 cm breit, 40 cm lang

Material
150–200 g hellgelbes Häkelgarn (Coats Opera 5)
Häkelnadel 2,0–2,5

So wird's gemacht:
Die Gardine wird quer gehäkelt.
126 Luftmaschen anschlagen. 3 Wende-Luftmaschen häkeln, dann die erste Reihe mit 42 Kästchen häkeln.

Weiter nach Zählmuster arbeiten.
Für die Zacken am unteren Rand Kästchen nach Zählmuster zu- und abnehmen.
Für den Stangendurchzug am oberen Rand der Gardine am Ende der ersten Reihe vor dem gefüllten Schlusskästchen anstatt der beiden leeren Kästchen ein leeres Doppelkästchen häkeln: Dafür 5 Luftmaschen häkeln. 5 Anschlag-Luftmaschen überspringen und das nächste Stäbchen in die sechste Masche häkeln. Am Ende bzw. Anfang der Reihen ebenso mit leeren Doppelkästchen fortfahren.
Die fertige Gardine spannen, anfeuchten und trocknen lassen.
Das Muster kann beliebig oft wiederholt werden, um eine gewünschte Fensterbreite zu erreichen.
Für eine breitere oder schmälere Gardine können mehr oder weniger Mustersätze gehäkelt werden. Ein Mustersatz ist ca. 22 cm breit.

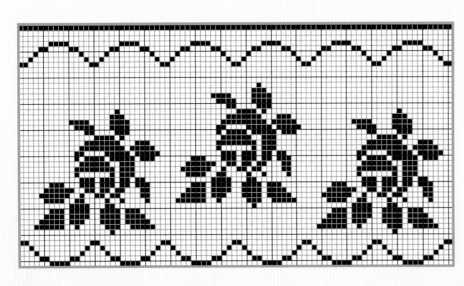

Blumen in allen Facetten

Blumen in allen Facetten

Glockenblume

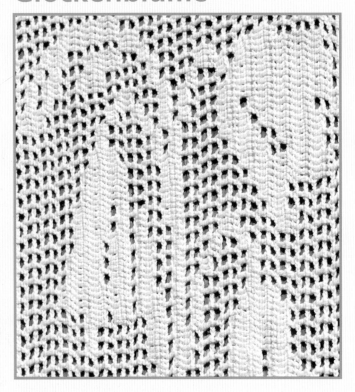

Größe
30 cm breit, 55 cm lang

Material
50–100 g weißes Häkelgarn (Anchor Liana 5)
(für eine kleine Gardine)
Häkelnadel 1,75–2,0

So wird's gemacht:
Die Gardine wird quer gehäkelt.
189 Luftmaschen anschlagen. 3 Wende-Luftmaschen häkeln, dann die erste Reihe mit 63 Kästchen häkeln.

Weiter nach Zählmuster arbeiten.
Für die Zacken am unteren Rand Kästchen nach Zählmuster zu- und abnehmen.
Für den Stangendurchzug am oberen Rand der Gardine am Ende der ersten Reihe vor dem gefüllten Schlusskästchen anstatt der beiden leeren Kästchen ein leeres Doppelkästchen häkeln:

Dafür 5 Luftmaschen häkeln. 5 Anschlag-Luftmaschen überspringen und das nächste Stäbchen in die sechste Masche häkeln. Am Ende bzw. Anfang der Reihen ebenso mit leeren Doppelkästchen fortfahren.

Die fertige Gardine spannen, anfeuchten und trocknen lassen.

Das Muster kann beliebig oft wiederholt werden, um eine gewünschte Fensterbreite zu erreichen.

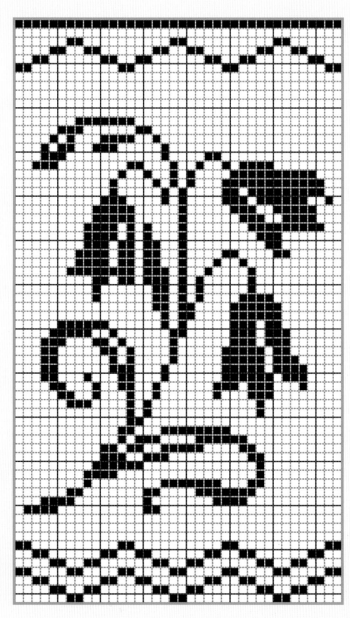

Blumen in allen Facetten

Blumenranken

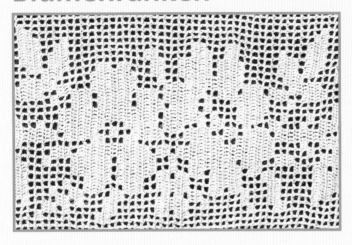

Größe
65 cm breit, 23–32 cm lang

Material
100–150 g silberfarbenes Häkelgarn
(Coats Aida 5)
Häkelnadel 1,75–2,0

So wird's gemacht:
Die Gardine wird quer gehäkelt.
84 Luftmaschen anschlagen. 3 Wende-Luftmaschen häkeln, dann die erste Reihe mit 28 Kästchen häkeln.

Weiter nach Zählmuster arbeiten.
Für die Zacken am unteren Rand Kästchen nach Zählmuster zu- und abnehmen.
Für den Stangendurchzug am oberen Rand der Gardine am Ende der ersten Reihe vor dem gefüllten Schlusskästchen anstatt der beiden leeren Kästchen ein leeres Doppelkästchen häkeln: Dafür 5 Luftmaschen häkeln. 5 Anschlag-Luftmaschen überspringen und das nächste Stäbchen in die sechste Masche häkeln.
Am Ende bzw. Anfang der Reihen ebenso mit leeren Doppelkästchen fortfahren.
Die fertige Gardine spannen, anfeuchten und trocknen lassen.

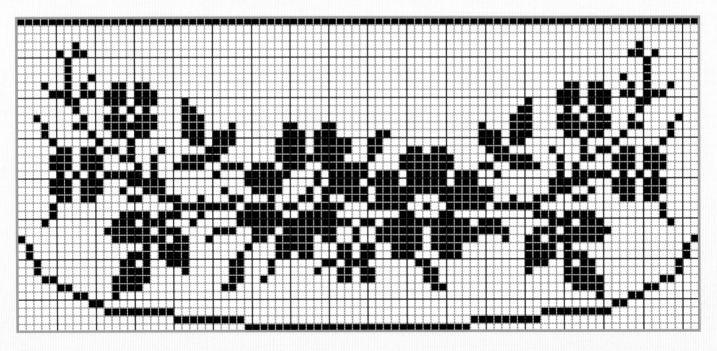

Blumen in allen Facetten

Blumen in allen Facetten

Wildblüten

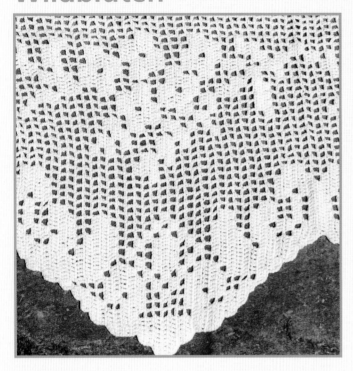

Größe
64 cm breit, 28–35 cm lang

Material
100–150 g weißes Häkelgarn (Anchor Liana 5)
Häkelnadel 1,75–2,0

So wird's gemacht:
Die Gardine wird quer gehäkelt.
90 Luftmaschen anschlagen. 3 Wende-Luftmaschen häkeln, dann die erste Reihe mit 30 Kästchen häkeln.

Weiter nach Zählmuster arbeiten.
Für die Zacken am unteren Rand Kästchen nach Zählmuster zu- und abnehmen.
Für den Stangendurchzug am oberen Rand der Gardine am Ende der ersten Reihe vor dem gefüllten Schlusskästchen anstatt der beiden leeren Kästchen ein leeres Doppelkästchen häkeln: Dafür 5 Luftmaschen häkeln. 5 Anschlag-Luftmaschen überspringen und das nächste Stäbchen in die sechste Masche häkeln. Am Ende bzw. Anfang der Reihen ebenso mit leeren Doppelkästchen fortfahren.
Die fertige Gardine spannen, anfeuchten und trocknen lassen.
Für eine gewünschte Fensterbreite kann das Muster beliebig oft wiederholt werden. Für eine breitere oder schmälere Gardine können mehr oder weniger Mustersätze gehäkelt werden. Ein Mustersatz ist ca. 32 cm breit.

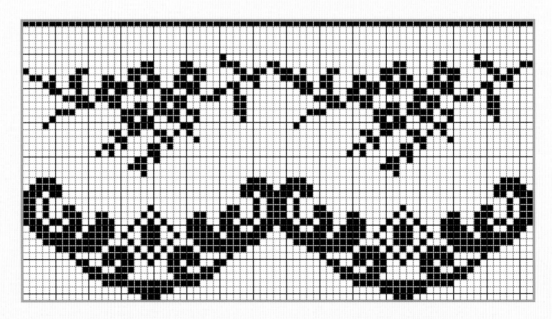

Blumen in allen Facetten

Blumen in allen Facetten

Wildblumen

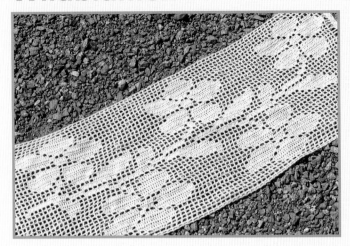

Das Muster kann beliebig oft wiederholt werden, um die Gardine an eine abweichende Fensterbreite anzupassen.

Größe
80 cm breit, 45 cm lang

Material
100–150 g weißes Häkelgarn (Coats Aida 5)
Häkelnadel 1,75–2,0

So wird's gemacht:
Die Gardine wird quer gehäkelt.
249 Luftmaschen anschlagen. 3 Wende-Luftmaschen häkeln, dann die erste Reihe mit 83 Kästchen häkeln.

Weiter nach Zählmuster arbeiten.
Für die Zacken am unteren Rand Kästchen nach Zählmuster zu- und abnehmen.
Für den Stangendurchzug am oberen Rand der Gardine am Ende der ersten Reihe vor dem gefüllten Schlusskästchen anstatt der beiden leeren Kästchen ein leeres Doppelkästchen häkeln: Dafür 5 Luftmaschen häkeln. 5 Anschlag-Luftmaschen überspringen und das nächste Stäbchen in die sechste Masche häkeln. Am Ende bzw. Anfang der Reihen ebenso mit leeren Doppelkästchen fortfahren.
Die fertige Gardine spannen, anfeuchten und trocknen lassen.

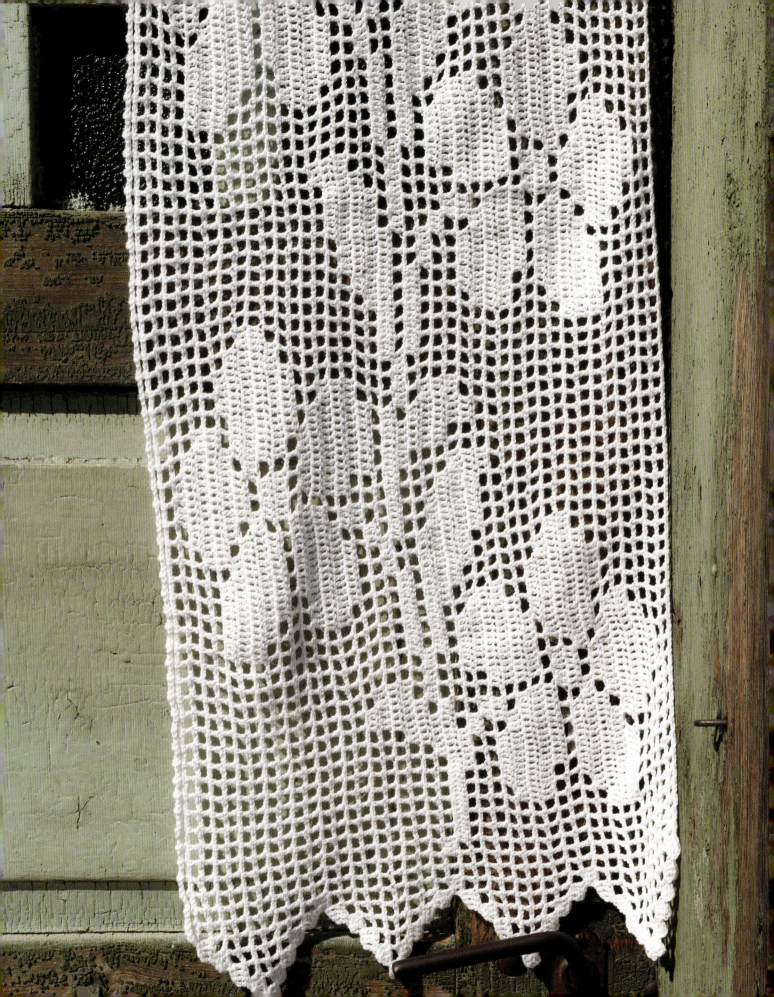

Blumen in allen Facetten

Sternenblumen

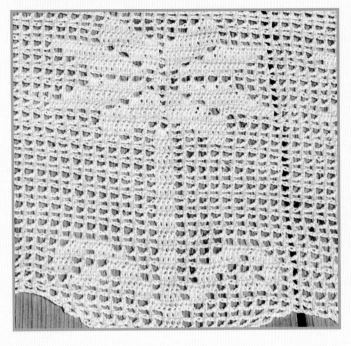

Größe
60 cm breit, 30 cm lang

Material
150–200 g weißes Häkelgarn (Coats Opera 5)
Häkelnadel 2,0–2,5

So wird's gemacht:
Die Gardine wird quer gehäkelt.
126 Luftmaschen anschlagen. 3 Wende-Luftmaschen häkeln, dann die erste Reihe mit 42 Kästchen häkeln.

Weiter nach Zählmuster arbeiten.
Für die Zacken am unteren Rand Kästchen nach Zählmuster zu- und abnehmen.
Für den Stangendurchzug am oberen Rand der Gardine am Ende der ersten Reihe vor dem gefüllten Schlusskästchen anstatt der beiden leeren Kästchen ein leeres Doppelkästchen häkeln: Dafür 5 Luftmaschen häkeln. 5 Anschlag-Luftmaschen überspringen und das nächste Stäbchen in die sechste Masche häkeln.
Die fertige Gardine spannen, anfeuchten und trocknen lassen.
Das Muster kann beliebig oft wiederholt werden, um die gewünschte Fensterbreite zu erreichen. Für eine abweichende Gardinenbreite können mehr oder weniger Mustersätze gehäkelt werden. Ein Mustersatz ist ca. 20 cm breit.

Blumen in allen Facetten

Blumen in allen Facetten

Bäume

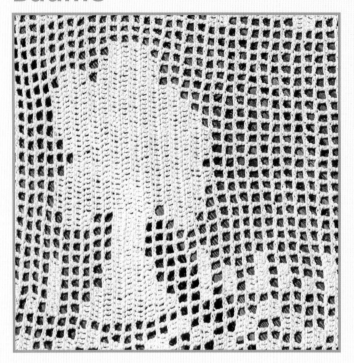

So wird's gemacht:
Die Gardine wird quer gehäkelt.
99 Luftmaschen anschlagen. 3 Wende-Luftmaschen häkeln, dann die erste Reihe mit 33 gefüllten Kästchen häkeln.

Weiter nach Zählmuster arbeiten.
Für die Zacken am unteren Rand Kästchen nach Zählmuster zu- und abnehmen.
Die fertige Gardine spannen, anfeuchten und trocknen lassen.
Die Gardine wird mit Clips befestigt.
Das Muster kann beliebig oft wiederholt werden, um die gewünschte Fensterbreite zu erreichen. Für eine breitere oder schmälere Gardine können mehr oder weniger Mustersätze gehäkelt werden. Ein Mustersatz ist ca. 20 cm breit.

Größe
41 cm breit, 30 cm lang

Material
50 g weißes Häkelgarn (Anchor Liana 10)
Häkelnadel 1,5–1,75

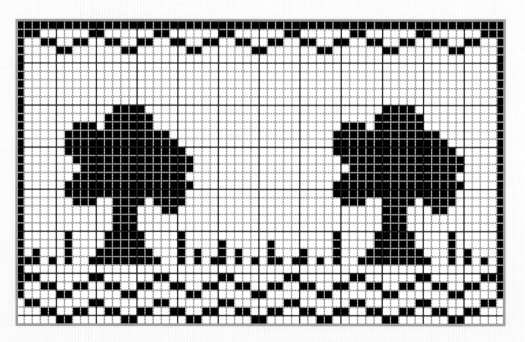

Blumen in allen Facetten

Blumen in allen Facetten

Butterblumen

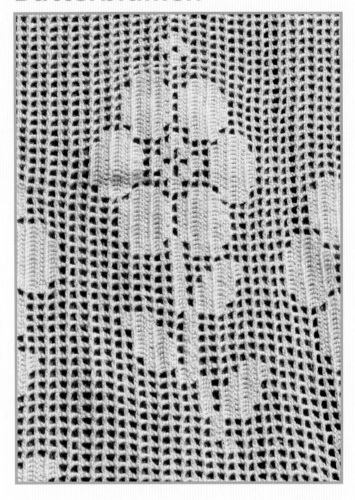

Für die Zacken am unteren Rand Kästchen nach Zählmuster zu- und abnehmen.
Für den Stangendurchzug am oberen Rand der Gardine am Ende der ersten Reihe vor dem gefüllten Schlusskästchen anstatt der beiden leeren Kästchen ein leeres Doppelkästchen häkeln: Dafür 5 Luftmaschen häkeln. 5 Anschlag-Luftmaschen überspringen und das nächste Stäbchen in die sechste Masche häkeln. Am Ende bzw. Anfang der Reihen ebenso mit leeren Doppelkästchen fortfahren.
Die fertige Gardine spannen, anfeuchten und trocknen lassen.
Es sind mehrere Wiederholungen möglich, um die gewünschte Fensterbreite zu erreichen.
Für eine breitere oder schmälere Gardine können mehr oder weniger Mustersätze gehäkelt werden. Ein Mustersatz ist ca. 17 cm breit.

Größe
50 cm breit, 70 cm lang

Material
150–200 g hellgelbes Häkelgarn (Coats Opera 5)
Häkelnadel 2,0–2,5

So wird's gemacht:
Die Gardine wird quer gehäkelt.
207 Luftmaschen anschlagen. 3 Wende-Luftmaschen häkeln, dann die erste Reihe mit 69 Kästchen häkeln.

Weiter nach Zählmuster arbeiten.
Die Sterne in den Rauten häkeln Sie nach der Häkelschrift unten.

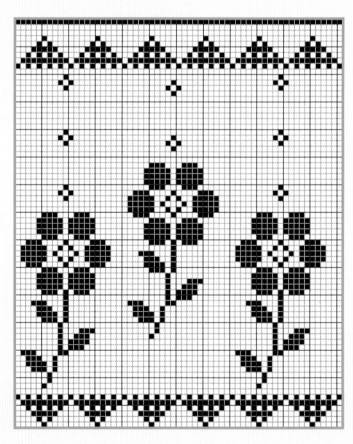

Romantisch Verspieltes

Herzen

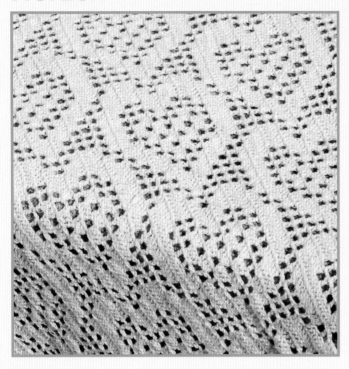

Größe
70 cm breit, 55 cm lang

Material
150–200 g weißes Häkelgarn
(Coats Opera 5)
Häkelnadel 2,0–2,5

So wird's gemacht:
Die Gardine wird quer gehäkelt.
147 Luftmaschen anschlagen. 3 Wende-Luftmaschen, anschließend die erste Reihe mit 49 Kästchen häkeln.

Weiter nach Zählmuster arbeiten.
Für die Zacken am unteren Rand Kästchen nach Zählmuster zu- und abnehmen.
Für den Stangendurchzug am oberen Rand der Gardine am Ende der ersten Reihe vor dem gefüllten Schlusskästchen statt den beiden leeren Kästchen ein leeres Doppelkästchen häkeln:
Dafür 5 Luftmaschen häkeln. 5 Anschlag-Luftmaschen überspringen und das nächste Stäbchen in die sechste Masche häkeln.
Die fertige Gardine spannen, anfeuchten und trocknen lassen.
Das Muster kann beliebig oft wiederholt werden, um die gewünschte Fensterbreite zu erreichen. Für eine breitere oder schmälere Gardine können mehr oder weniger Mustersätze gehäkelt werden. Ein Mustersatz ist ca. 10 cm breit.

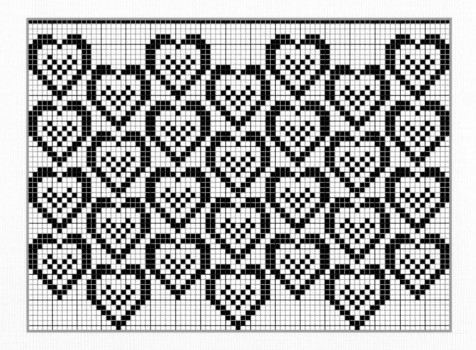

Romantisch Verspieltes

Herzen einmal anders

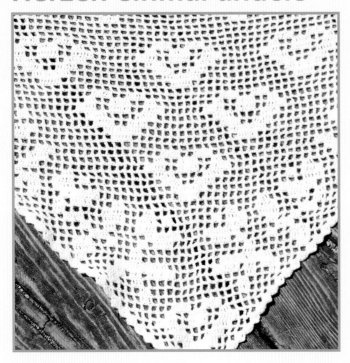

Weiter nach Zählmuster arbeiten.
An den seitlichen Rändern ab der 31. Reihe Kästchen nach Zählmuster abnehmen.
Die fertige Gardine spannen, anfeuchten und trocknen lassen.

Größe
55 cm breit, 20–45 cm lang

Material
100–150 g weißes Häkelgarn (Coats Aida 10)
Häkelnadel 1,5–1,75

So wird's gemacht:
Die Gardine wird von oben nach unten gehäkelt.
198 Luftmaschen anschlagen. 3 Wende-Luftmaschen häkeln, dann die erste Reihe mit 66 gefüllten Kästchen häkeln.
Für den Stangendurchzug am oberen Rand der Gardine in der 2. Reihe Doppelstäbchen statt Stäbchen häkeln. Dazu werden die 2. und die 3. Reihe benötigt.

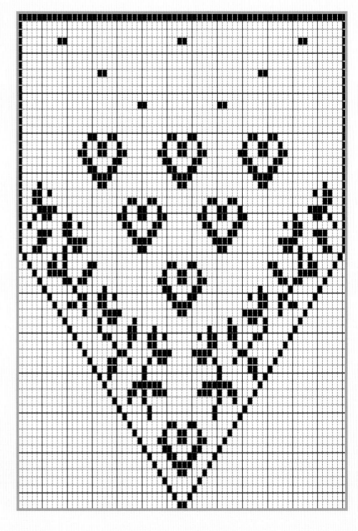

Romantisch Verspieltes

Romantisch Verspieltes

Herzen und Blätter

Größe
53 cm breit, 35–56 cm lang

Material
100–150 g apricotfarbenes Häkelgarn
(Coats Opera 5)
Häkelnadel 2,0–2,5

So wird's gemacht:
Die Gardine wird quer gehäkelt.
117 Luftmaschen anschlagen. 3 Wende-Luftmaschen häkeln, dann die erste Reihe mit 39 Kästchen häkeln.

Weiter nach Zählmuster arbeiten.
Für die Zacken am unteren Rand Kästchen nach Zählmuster zu- und abnehmen.
Für den Stangendurchzug am oberen Rand der Gardine am Ende der ersten Reihe vor dem gefüllten Schlusskästchen anstatt der beiden leeren Kästchen ein leeres Doppelkästchen häkeln: Dafür 5 Luftmaschen häkeln. 5 Anschlag-Luftmaschen überspringen und das nächste Stäbchen in die sechste Masche häkeln. Am Ende bzw. Anfang der Reihen ebenso mit leeren Doppelkästchen fortfahren.
Die fertige Gardine spannen, anfeuchten und trocknen lassen.

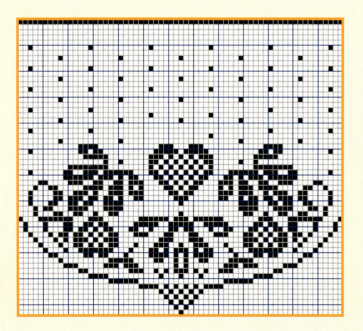

Die schönsten Tiermotive

Kleine Hunde

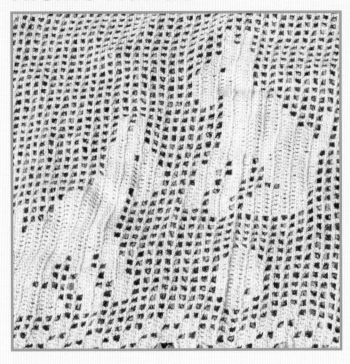

Größe
55 cm breit, 50 cm lang

Material
100–150 g naturfarbenes Häkelgarn
(Coats Opera 5)
Häkelnadel 2,0–2,5

So wird's gemacht:
Die Gardine wird quer gehäkelt.
129 Luftmaschen anschlagen. 3 Wende-Luftmaschen häkeln, dann die erste Reihe mit 43 Kästchen häkeln.

Weiter nach Zählmuster arbeiten.
Für die Zacken am unteren Rand Kästchen nach Zählmuster zu- und abnehmen.
Für den Stangendurchzug am oberen Rand der Gardine am Ende der ersten Reihe vor dem gefüllten Schlusskästchen anstatt der beiden leeren Kästchen ein leeres Doppelkästchen häkeln: Dafür 5 Luftmaschen häkeln. 5 Anschlag-Luftmaschen überspringen und das nächste Stäbchen in die sechste Masche häkeln. Am Ende bzw. Anfang der Reihen ebenso mit leeren Doppelkästchen fortfahren.
Die fertige Gardine spannen, anfeuchten und trocknen lassen.
Das Muster kann beliebig oft wiederholt werden, um eine gewünschte Fensterbreite zu erreichen. Für eine breitere oder schmälere Gardine können mehr oder weniger Hunde gehäkelt werden. Ein Mustersatz ist ca. 18 cm breit.

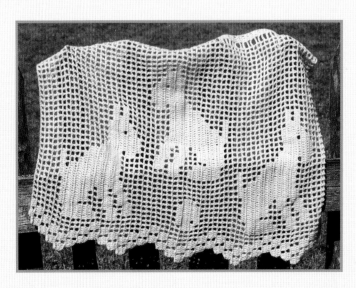

Die schönsten Tiermotive

Eichhörnchen

Größe
60 cm breit, 45 cm lang

Material
150–200 g zimtfarbenes Häkelgarn
(Anchor Liana 10)
Häkelnadel 1,5–1,75

So wird's gemacht:
Die Gardine wird quer gehäkelt.
141 Luftmaschen anschlagen.
3 Wende-Luftmaschen häkeln,
dann die erste Reihe mit
47 Kästchen häkeln.

Weiter nach Zählmuster arbeiten.
Für die Zacken am unteren Rand Kästchen nach Zählmuster zu- und abnehmen.
Für den Stangendurchzug am oberen Rand der Gardine am Ende der ersten Reihe vor dem gefüllten Schlusskästchen anstatt der beiden leeren Kästchen ein leeres Doppelkästchen häkeln: Dafür 5 Luftmaschen häkeln. 5 Anschlag-Luftmaschen überspringen und das nächste Stäbchen in die sechste Masche häkeln. Am Ende bzw. Anfang der Reihen ebenso mit leeren Doppelkästchen fortfahren.
Die fertige Gardine spannen, anfeuchten und trocknen lassen.
Das Muster kann beliebig oft wiederholt werden, um eine gewünschte Fensterbreite zu erreichen. Für eine breitere oder schmälere Gardine können mehr oder weniger Mustersätze gehäkelt werden. Ein Mustersatz ist ca. 20 cm breit.

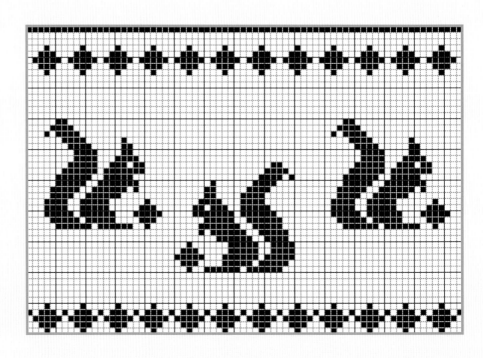

Die schönsten Tiermotive

Die schönsten Tiermotive

Entenfamilie

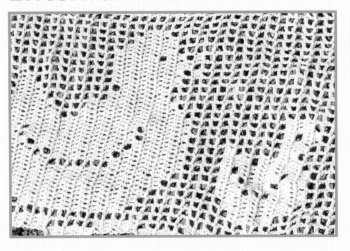

Größe
90 cm breit, 30 cm lang

Material
100–150 g weißes Häkelgarn (Anchor Liana 5)
Häkelnadel 2,0–2,5

So wird's gemacht:
Die Gardine wird quer gehäkelt.
99 Luftmaschen anschlagen. 3 Wende-Luftmaschen häkeln, dann die erste Reihe mit 33 Kästchen häkeln.

Weiter nach Zählmuster arbeiten.
Für die Zacken am unteren Rand Kästchen nach Zählmuster zu- und abnehmen.
Für den Stangendurchzug am oberen Rand der Gardine am Ende der ersten Reihe vor dem gefüllten Schlusskästchen anstatt der beiden leeren Kästchen ein leeres Doppelkästchen häkeln: Dafür 5 Luftmaschen häkeln. 5 Anschlag-Luftmaschen überspringen und das nächste Stäbchen in die sechste Masche häkeln. Am Ende bzw. Anfang der Reihen ebenso mit leeren Doppelstäbchen fortfahren.
Die fertige Gardine spannen, anfeuchten und trocknen lassen.
Das Muster kann beliebig oft wiederholt werden, um eine gewünschte Fensterbreite zu erreichen. Für eine breitere oder schmälere Gardine können mehr oder weniger Mustersätze gehäkelt werden. Ein Mustersatz ist ca. 45 cm breit.

Die schönsten Tiermotive

Die schönsten Tiermotive

Hühner

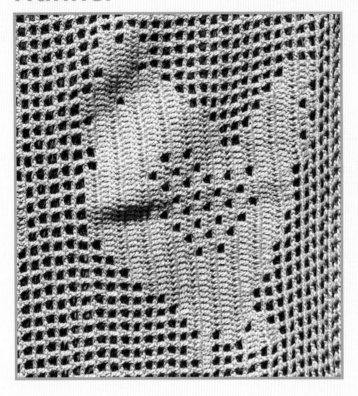

keln: Dafür 5 Luftmaschen häkeln. 5 Anschlag-Luftmaschen überspringen und das nächste Stäbchen in die sechste Masche häkeln. Am Ende bzw. Anfang der Reihen ebenso mit leeren Doppelkästchen fortfahren.
Die fertige Gardine spannen, anfeuchten und trocknen lassen.
Das Muster kann beliebig oft wiederholt werden, um eine gewünschte Fensterbreite zu erreichen.

Größe
50 cm breit, 60 cm lang

Material
100–150 g zimtfarbenes Häkelgarn
(Coats Opera 5)
Häkelnadel 2,0–2,5

So wird's gemacht:
Die Gardine wird quer gehäkelt.
165 Luftmaschen anschlagen. 3 Wende-Luftmaschen häkeln, dann die erste Reihe mit 55 Kästchen häkeln.

Weiter nach Zählmuster arbeiten.
Für die Zacken am unteren Rand Kästchen nach Zählmuster zu- und abnehmen.
Für den Stangendurchzug am oberen Rand der Gardine am Ende der ersten Reihe vor dem gefüllten Schlusskästchen anstatt der beiden leeren Kästchen ein leeres Doppelkästchen hä-

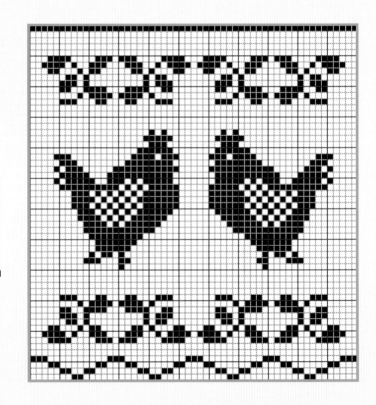

Bezauberndes fürs Kinderzimmer

Windmühle

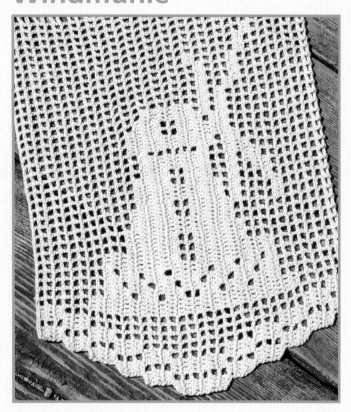

keln: Dafür 5 Luftmaschen häkeln. 5 Anschlag-Luftmaschen überspringen und das nächste Stäbchen in die sechste Masche häkeln. Am Ende bzw. Anfang der Reihen ebenso mit leeren Doppelkästchen fortfahren.

Die fertige Gardine spannen, anfeuchten und trocknen lassen.

Das Muster kann beliebig oft wiederholt werden, um eine gewünschte Fensterbreite zu erreichen.

Größe
30 cm breit, 43 cm lang

Material
100 g hellblaues Häkelgarn (Coats Opera 5)
Häkelnadel 2,0–2,5

So wird's gemacht:
Die Gardine wird quer gehäkelt.
117 Luftmaschen anschlagen. 3 Wende-Luftmaschen häkeln, dann die erste Reihe mit 39 Kästchen häkeln.

Weiter nach Zählmuster arbeiten.
Für die Zacken am unteren Rand Kästchen nach Zählmuster zu- und abnehmen.
Für den Stangendurchzug am oberen Rand der Gardine am Ende der ersten Reihe vor dem gefüllten Schlusskästchen anstatt der beiden leeren Kästchen ein leeres Doppelkästchen hä-

Bezauberndes fürs Kinderzimmer

Schaukelpferdchen

Größe
50 cm breit, 44 cm lang

Material
100–50 g blaues Häkelgarn (Anchor Liana 10)
Häkelnadel 1,5–1,75

So wird's gemacht:
Die Gardine wird quer gehäkelt.
141 Luftmaschen anschlagen.
3 Wende-Luftmaschen häkeln,
dann die erste Reihe mit
47 Kästchen häkeln.
Weiter nach Zählmuster arbeiten.
Für die Zacken am unteren Rand Kästchen nach Zählmuster zu- und abnehmen.
Für den Stangendurchzug am oberen Rand der Gardine am Ende der ersten Reihe vor dem gefüllten Schlusskästchen anstatt der beiden leeren Kästchen ein leeres Doppelkästchen häkeln: Dafür 5 Luftmaschen häkeln. 5 Anschlag-Luftmaschen überspringen und das nächste Stäbchen in die sechste Masche häkeln. Am Ende bzw. Anfang der Reihen ebenso mit leeren Doppelkästchen fortfahren.
Die fertige Gardine spannen, anfeuchten und trocknen lassen.
Das Muster kann beliebig oft wiederholt werden, um eine gewünschte Fensterbreite zu erreichen. Für eine breitere oder schmälere Gardine können mehr oder weniger Pferdchen gehäkelt werden. Ein Mustersatz ist ca. 25 cm breit.

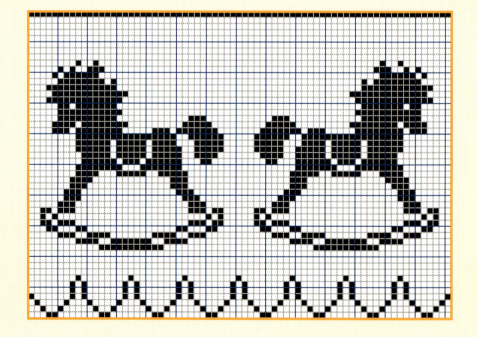

Bezauberndes fürs Kinderzimmer

Bezauberndes fürs Kinderzimmer

Bubentraum

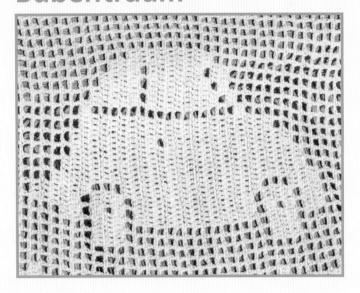

Die fertige Gardine spannen, anfeuchten und trocknen lassen.
Das Muster kann beliebig oft wiederholt werden, um eine gewünschte Fensterbreite zu erreichen.

Größe
45 cm breit, 40 cm lang

Material
50–100 g beiges Häkelgarn (Anchor Liana 5)
Häkelnadel 1,75–2,0

So wird's gemacht:
Die Gardine wird quer gehäkelt.
111 Luftmaschen anschlagen. 3 Wende-Luftmaschen häkeln, dann die erste Reihe mit 37 Kästchen häkeln.

Weiter nach Zählmuster arbeiten.
Für die Zacken am unteren Rand Kästchen nach Zählmuster zu- und abnehmen.
Für den Stangendurchzug am oberen Rand der Gardine am Ende der ersten Reihe vor dem gefüllten Schlusskästchen anstatt der beiden leeren Kästchen ein leeres Doppelkästchen häkeln: Dafür 5 Luftmaschen häkeln. 5 Anschlag-Luftmaschen überspringen und das nächste Stäbchen in die sechste Masche häkeln. Am Ende bzw. Anfang der Reihen ebenso mit leeren Doppelkästchen fortfahren.

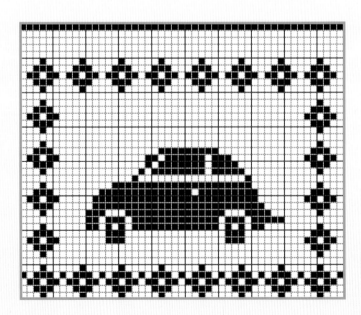

Bezauberndes fürs Kinderzimmer

Bezauberndes fürs Kinderzimmer

Babyzimmer

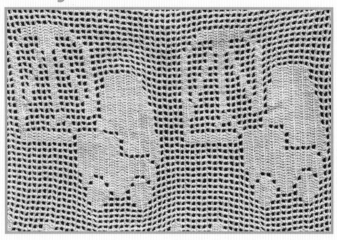

Größe
60 cm breit, 45 cm lang

Material
100–150 g gelbes Häkelgarn (Coats Opera 5)
Häkelnadel 2,0–2,5

So wird's gemacht:
Die Gardine wird quer gehäkelt.
129 Luftmaschen anschlagen.
3 Wende-Luftmaschen häkeln, dann die erste Reihe mit 43 Kästchen häkeln.
Weiter nach Zählmuster arbeiten.
Für die Zacken am unteren Rand Kästchen nach Zählmuster zu- und abnehmen.
Für den Stangendurchzug am oberen Rand der Gardine am Ende der ersten Reihe vor dem gefüllten Schlusskästchen anstatt der beiden leeren Kästchen ein leeres Doppelkästchen häkeln: Dafür 5 Luftmaschen häkeln. 5 Anschlag-Luftmaschen überspringen und das nächste Stäbchen in die sechste Masche häkeln. Am Ende bzw. Anfang der Reihen ebenso mit leeren Doppelkästchen fortfahren.
Die fertige Gardine spannen, anfeuchten und trocknen lassen.
Das Muster kann beliebig oft wiederholt werden, um eine gewünschte Fensterbreite zu erreichen. Für eine breitere oder schmälere Gardine kann die Anzahl der Kinderwägen variiert werden. Ein Mustersatz ist ca. 30 cm breit.

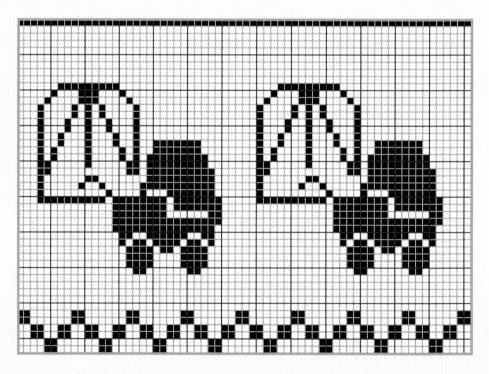

Bezauberndes fürs Kinderzimmer

Flöte spielender Junge

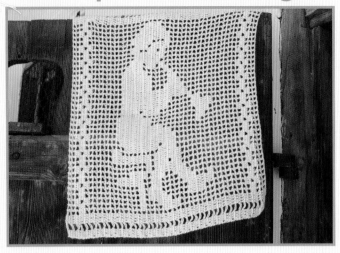

Größe
35 cm breit, 40 cm lang

Material
100 g weißes Häkelgarn (Coats Opera 5)
Häkelnadel 2,0–2,5

So wird's gemacht:
Die Gardine wird von oben nach unten gehäkelt.
138 Luftmaschen anschlagen. 3 Wende-Luftmaschen häkeln, dann die erste Reihe mit 46 gefüllten Kästchen häkeln.

Weiter nach Zählmuster arbeiten.
Für den Stangendurchzug am oberen und unteren Rand der Gardine am Anfang und Ende der ersten Reihe vor dem gefüllten Schlusskästchen anstatt der beiden leeren Kästchen ein leeres Doppelkästchen häkeln: Dafür 5 Luftmaschen häkeln. 5 Anschlag-Luftmaschen überspringen und das nächste Stäbchen in die sechste Masche häkeln. Am Ende bzw. Anfang der Reihen ebenso mit leeren Doppelstäbchen fortfahren. Die fertige Gardine spannen, anfeuchten und trocknen lassen.

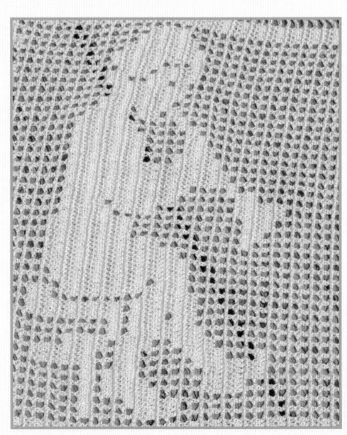

Es weihnachtet sehr ...

Weihnachtliche Gardine

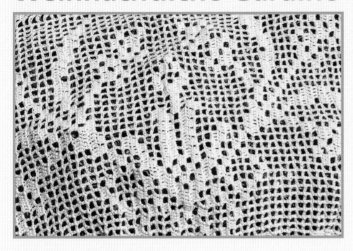

Größe
60 cm breit, 40 cm lang

Material
100–150 g weißes Häkelgarn (Anchor Liana 5)
Häkelnadel 2,0–2,5

So wird's gemacht:
Die Gardine wird quer gehäkelt.
132 Luftmaschen anschlagen.
3 Wende-Luftmaschen häkeln, dann die erste Reihe mit 44 Kästchen häkeln.

Weiter nach Zählmuster arbeiten.
Die Sterne in den Rauten häkeln Sie nach der Häkelschrift unten.
Für die Zacken am unteren Rand Kästchen nach Zählmuster zu- und abnehmen.
Für den Stangendurchzug am oberen Rand der Gardine am Ende der ersten Reihe vor dem gefüllten Schlusskästchen statt den beiden leeren Kästchen ein leeres Doppelkästchen häkeln: Dafür 5 Luftmaschen häkeln. 5 Anschlag-Luftmaschen überspringen und das nächste Stäbchen in die sechste Masche häkeln. Am Ende bzw. Anfang der Reihen ebenso mit leeren Doppelstäbchen fortfahren.
Die fertige Gardine spannen, anfeuchten und trocknen lassen.
Das Muster kann beliebig oft wiederholt werden, um eine gewünschte Fensterbreite zu erreichen.

Es weihnachtet sehr …

Weihnachtsgardine

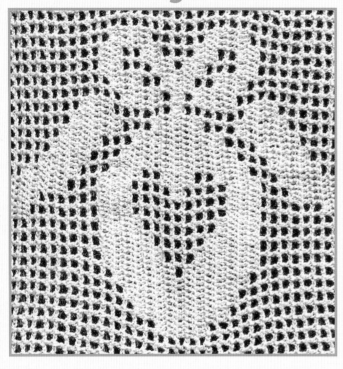

keln: Dafür 5 Luftmaschen häkeln. 5 Anschlag-Luftmaschen überspringen und das nächste Stäbchen in die sechste Masche häkeln. Am Ende bzw. Anfang der Reihen ebenso mit leeren Doppelkästchen fortfahren.

Die fertige Gardine spannen, anfeuchten und trocknen lassen.

Um die gewünschte Fensterbreite zu erreichen, können Sie das Muster beliebig oft wiederholen.

Größe
37 cm breit, 40 cm lang

Material
100 g silberfarbenes Häkelgarn
(Anchor Liana 10)
Häkelnadel 1,5–1,75

So wird's gemacht:
Die Gardine wird quer gehäkelt.
126 Luftmaschen anschlagen. 3 Wende-Luftmaschen häkeln, dann die erste Reihe mit 42 Kästchen häkeln.

Weiter nach Zählmuster arbeiten.
Für die Zacken am unteren Rand Kästchen nach Zählmuster zu- und abnehmen.
Für den Stangendurchzug am oberen Rand der Gardine am Ende der ersten Reihe vor dem gefüllten Schlusskästchen anstatt der beiden leeren Kästchen ein leeres Doppelkästchen hä-

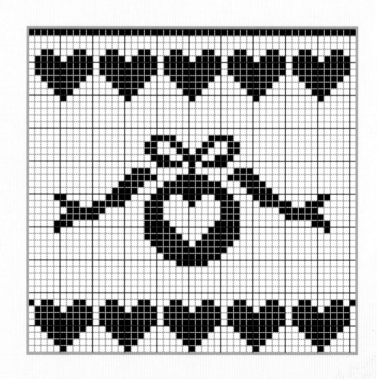

Es weihnachtet sehr ...

Sterne

Größe
86 cm breit, 49 cm lang

Material
150–200 g weißes Häkelgarn (Coats Opera 5)
Häkelnadel 2,0–2,5

So wird's gemacht:
Die Gardine wird quer gehäkelt.
117 Luftmaschen anschlagen. 3 Wende-Luftmaschen häkeln, dann die erste Reihe mit 39 Kästchen häkeln.

Weiter nach Zählmuster arbeiten.
Für die Zacken am unteren Rand Kästchen nach Zählmuster zu- und abnehmen.
Für den Stangendurchzug am oberen Rand der Gardine am Ende der ersten Reihe vor dem gefüllten Schlusskästchen anstatt der beiden leeren Kästchen ein leeres Doppelkästchen häkeln: Dafür 5 Luftmaschen häkeln. 5 Anschlag-Luftmaschen überspringen und das nächste Stäbchen in die sechste Masche häkeln. Am Ende bzw. Anfang der Reihen ebenso mit leeren Doppelstäbchen fortfahren.
Die fertige Gardine spannen, anfeuchten und trocknen lassen.
Das Muster kann beliebig oft wiederholt werden, um die gewünschte Fensterbreite zu erreichen. Für eine breitere oder schmälere Gardine können mehr oder weniger Mustersätze gehäkelt werden. Ein Mustersatz ist ca. 21,5 cm breit.

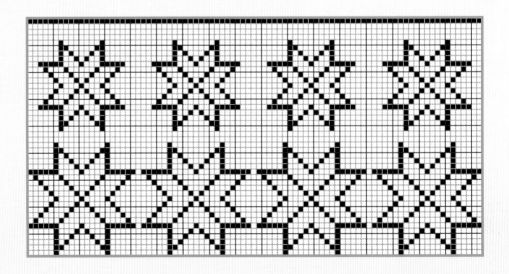

Es weihnachtet sehr …

Für Ludwig

© 2014 Rosenheimer Verlagshaus GmbH & Co. KG, Rosenheim

Die Fotos auf dem Umschlag und im Innenteil stammen
von Klaus G. Förg, Rosenheim.

Satz: SATZstudio Josef Pieper, Bedburg-Hau
Bildbearbeitung: Fotoweitblick Raphael Lichius, Bad Aibling
Druck und Bindung: Print Consult GmbH, München
Printed in Czech Republic

ISBN 978-3-475-54301-2

Sämtliche in diesem Buch gezeigte Muster stehen unter Urheberrechtsschutz.
Nacharbeiten zu gewerblichen Zwecken ist untersagt.

Der Verlag bedankt sich bei dem Bauernhausmuseum Amerang
für die freundliche Unterstützung der Fotoproduktion.